El ingeniero de sistemas

Gustavo Arias

El ingeniero de sistemas

Copyright © 2022 Gustavo Arias.

Twitter: @gustabin

ISBN #: 978-1-387-38397-9

Reservados todos los derechos. Este libro o cualquier parte del mismo no puede reproducirse ni usarse de ninguna manera sin el permiso expreso por escrito del editor, excepto para el uso de citas breves en una reseña del libro.

Primera edición Diciembre 2022

Printed by Lulu, Inc., in the United States of America. Lulu Publisher www.lulu.com

9 781387 383979

Introducción

Un ingeniero de sistemas es un profesional que se encarga de diseñar, implementar y mantener sistemas de información y tecnología de la información en una empresa o organización. Estos sistemas pueden incluir redes de computadoras, bases de datos, sistemas de almacenamiento de datos, sistemas de comunicación y otros.

Los ingenieros de sistemas deben tener una sólida comprensión de los principios de la informática y de la tecnología de la información, así como de cómo estos principios se aplican a las necesidades de la empresa. Deben también tener habilidades de análisis y resolución de problemas, y deben ser capaces de trabajar en equipo y comunicarse efectivamente con otros miembros del personal y con los clientes.

En resumen, un ingeniero de sistemas es un profesional clave en cualquier organización que dependa de la tecnología de la información para llevar a cabo sus actividades cotidianas. Su trabajo es esencial para garantizar que los sistemas informáticos y de tecnología de la información funcionen de manera eficiente y segura, y para ayudar a la empresa a aprovechar al máximo el potencial de la tecnología de la información.

Tabla de contenido

¿Qué es un ingeniero de sistemas?

Un ingeniero de sistemas es un profesional que se especializa en el diseño, implementación y mantenimiento de sistemas informáticos. Esto incluye la creación de infraestructuras de tecnología de la información, la configuración de servidores y redes, y el desarrollo de software y aplicaciones. Los ingenieros de sistemas también pueden ser responsables de la seguridad de los sistemas informáticos, la gestión de bases de datos y la resolución de problemas técnicos.

Un ingeniero de sistemas necesita tener una sólida comprensión de la tecnología de la información y de cómo funcionan los sistemas informáticos. También debe tener habilidades de análisis y problem-solving, así como habilidades de comunicación para trabajar en equipo y colaborar con otros profesionales. Los ingenieros de sistemas pueden trabajar en una amplia variedad de industrias, desde la banca y la financiación hasta la manufactura y el gobierno.

¿Cuál es el rol del ingeniero de sistemas?

El ingeniero de sistemas es un profesional que se encarga de diseñar, implementar y mantener sistemas de información y tecnología de la información en una empresa o organización. El rol del ingeniero de sistemas incluye:

- Analizar las necesidades de la empresa y diseñar soluciones de sistemas que satisfagan estas necesidades.

- Implementar y configurar sistemas de información y tecnología de la información, incluyendo servidores, bases de datos, redes y equipos de cómputo.

- Mantener y actualizar los sistemas existentes, incluyendo la solución de problemas y la implementación de mejoras.

- Colaborar con otros departamentos de la empresa para asegurar la integración adecuada de los sistemas de información y tecnología de la información con los procesos de negocio.

- Gestionar el rendimiento y la seguridad de los sistemas de información y tecnología de la información.

El ingeniero de sistemas debe tener conocimientos sólidos en áreas como hardware, software, bases de datos y redes, y debe ser capaz de trabajar con una amplia variedad de herramientas y tecnologías. También es importante que tenga habilidades de comunicación y sea capaz de trabajar en equipo y colaborar con otros profesionales.

Funciones principales de un ingeniero de sistemas

Algunas de las funciones principales de un ingeniero de sistemas pueden incluir:

- Diseño de soluciones de sistemas: Analizar las necesidades de la empresa y diseñar soluciones de sistemas que satisfagan estas necesidades. Esto puede incluir la selección y configuración de hardware y software, así como la definición de políticas y procedimientos de seguridad.

- Implementación de sistemas: Instalar y configurar hardware y software, incluyendo servidores, bases de datos, redes y equipos de cómputo. Asegurar la integración adecuada de los sistemas con los procesos de negocio.

- Mantenimiento y actualización de sistemas: Realizar tareas de mantenimiento preventivo y correctivo para garantizar el buen funcionamiento de los sistemas de información y tecnología de la información. Implementar mejoras y actualizaciones de software y hardware.

- Gestión del rendimiento y la seguridad: Monitorear el rendimiento y la seguridad de los sistemas y tomar medidas para mejorar ambos aspectos. Esto puede incluir la realización de pruebas de rendimiento y la implementación de medidas de seguridad como contraseñas seguras y protección contra virus.

- Colaboración con otros departamentos: Trabajar en conjunto con otros departamentos de la empresa para asegurar la integración adecuada de los sistemas de información y tecnología de la información con los procesos de negocio. Esto puede incluir la asesoría y el apoyo técnico a otros departamentos.

- Capacitación y soporte: Proporcionar capacitación y soporte técnico a los usuarios de los sistemas de información y tecnología de la información.

Responsabilidades de un ingeniero de sistemas

Las responsabilidades de un ingeniero de sistemas pueden variar según el tamaño y la estructura de la empresa o organización en la que trabaje, pero en general, algunas de las responsabilidades más comunes pueden incluir:

1. **Diseñar y desarrollar soluciones de sistemas:** Analizar las necesidades de la empresa y diseñar soluciones de sistemas que satisfagan estas necesidades. Esto puede incluir la selección y configuración de hardware y software, así como la definición de políticas y procedimientos de seguridad.

Es importante seguir estos pasos:

- Analizar las necesidades de la empresa: Es importante realizar un análisis completo de las necesidades de la empresa para comprender sus objetivos y requisitos. Esto puede incluir la realización de entrevistas con los usuarios clave y la revisión de documentación existente.

- Diseñar la solución de sistemas: Una vez que se entienden las necesidades de la empresa, es importante diseñar la solución de sistemas que satisfaga esas necesidades. Esto puede incluir la selección de hardware y software adecuados, la definición de la arquitectura del sistema y la creación de un plan de implementación.

- Desarrollar la solución de sistemas: Una vez que se ha diseñado la solución de sistemas, es importante desarrollarla siguiendo un proceso iterativo y de prueba y corrección. Esto puede incluir la escritura de código, la integración de componentes y la realización de pruebas de sistema y de aceptación.

- Probar y validar la solución: Es importante realizar pruebas exhaustivas para asegurarse de que la solución cumple con los requisitos y es fiable y segura. También es importante validar la solución con los usuarios clave para asegurarse de que se ajusta a sus necesidades.

- Implementar y mantener la solución: Una vez que la solución ha sido desarrollada y validada, es importante implementarla en el entorno de producción y mantenerla a lo largo del tiempo. Esto puede incluir la realización de actualizaciones y la resolución de problemas técnicos.

2. **Implementar y configurar sistemas:** Instalar y configurar hardware y software, incluyendo servidores, bases de datos, redes y equipos de cómputo. Asegurar la integración adecuada de los sistemas con los procesos de negocio.

Es importante seguir estos pasos:

- Planificar la implementación: Es importante planificar la implementación del sistema de manera detallada para asegurarse de que se abordan todos los aspectos necesarios y se minimizan los riesgos. Esto puede incluir la definición de un plan de implementación, la identificación de dependencias y la definición de responsabilidades.

- Instalar y configurar el hardware: Es importante seguir las instrucciones de instalación y configuración del fabricante para asegurarse de que el hardware esté correctamente instalado y configurado. También es importante realizar pruebas para asegurarse de que el hardware esté funcionando correctamente.

- Instalar y configurar el software: Una vez que el hardware esté instalado y configurado, es importante instalar y configurar el software siguiendo las instrucciones del fabricante. También es importante realizar pruebas para asegurarse de que el software esté funcionando correctamente.

- Asegurar la integración adecuada con los procesos de negocio: Es importante asegurar que el sistema esté integrado adecuadamente con los procesos de negocio para garantizar su efectividad. Esto puede incluir la definición de procesos de trabajo y la integración con sistemas existentes.

- Probar y validar el sistema: Es importante realizar pruebas exhaustivas para asegurarse de que el sistema cumple con los requisitos y es fiable y seguro. También es importante validar el sistema con los usuarios clave para asegurarse de que se ajusta a sus necesidades.

- Implementar y mantener el sistema: Una vez que el sistema ha sido implementado y validado, es importante mantenerlo a lo largo del tiempo. Esto puede incluir la realización de actualizaciones y la resolución de problemas técnicos.

3.**Mantener y actualizar los sistemas:** Realizar tareas de mantenimiento preventivo y correctivo para garantizar el buen funcionamiento de los sistemas de información y tecnología de la información. Implementar mejoras y actualizaciones de software y hardware.

Existen varias tareas que puede realizar para mantener y actualizar los sistemas de información y tecnología de la información:

Realizar tareas de mantenimiento preventivo: Estas tareas se llevan a cabo con el objetivo de evitar problemas futuros en los sistemas. Algunas tareas de mantenimiento preventivo incluyen:

• Verificar el espacio disponible en el disco duro y la memoria RAM para garantizar que el sistema tenga suficiente capacidad para funcionar de manera óptima.

• Realizar copias de seguridad regularmente para proteger los datos del sistema en caso de un fallo.

• Instalar parches de seguridad para proteger el sistema de vulnerabilidades conocidas.

• Revisar los registros del sistema para detectar posibles problemas.

Realizar tareas de mantenimiento correctivo: Estas tareas se llevan a cabo cuando surgen problemas en los sistemas. Algunas tareas de mantenimiento correctivo incluyen:

• Identificar la causa de un problema y solucionarlo.

- Reparar componentes hardware dañados o reemplazarlos.
- Restaurar el sistema a un estado anterior utilizando copias de seguridad.

Implementar mejoras y actualizaciones: Es importante mantener los sistemas actualizados con las últimas versiones de software y hardware para garantizar su buen funcionamiento y seguridad. Algunas tareas de actualización incluyen:

- Instalar nuevas versiones de software y aplicaciones.

- Actualizar el hardware del sistema, como procesadores, discos duros, etc.

- Implementar nuevas soluciones tecnológicas para mejorar la eficiencia y productividad del sistema.

Es importante tener en cuenta que el mantenimiento y la actualización de los sistemas deben realizarse de manera planificada y documentada para garantizar su éxito y minimizar el riesgo de interrupciones del servicio.

4. **Gestionar el rendimiento y la seguridad:** Monitorear el rendimiento y la seguridad de los sistemas y tomar medidas para mejorar ambos aspectos. Esto puede incluir la realización de pruebas de rendimiento y la implementación de medidas de seguridad como contraseñas seguras y protección contra virus.

Existen diversas técnicas y herramientas que pueden ayudar a gestionar el rendimiento y la seguridad de los sistemas. Algunos de los pasos que puede seguir un ingeniero de sistemas para mejorar el rendimiento y la seguridad incluyen:

- Monitoreo del rendimiento: Es importante monitorear el rendimiento de los sistemas para detectar problemas de rendimiento y tomar medidas para solucionarlos. Algunas de las métricas que pueden ser útiles para el monitoreo del rendimiento incluyen la utilización de la CPU, la memoria y el disco duro, el tráfico de red y la disponibilidad del sistema.

- Realización de pruebas de rendimiento: Las pruebas de rendimiento pueden ayudar a evaluar el rendimiento de un sistema bajo diferentes cargas y condiciones. Esto puede incluir la realización de pruebas de carga y estrés para evaluar el rendimiento del sistema bajo altas cargas de trabajo y la realización de pruebas de aceptación para evaluar el rendimiento del sistema bajo condiciones de uso normales.

- Implementación de medidas de seguridad: Es importante tomar medidas para proteger los sistemas contra posibles amenazas de seguridad. Esto puede incluir la implementación de contraseñas seguras y la protección contra virus y malware. También puede ser útil implementar medidas de seguridad adicionales como la autenticación de dos factores y la encriptación de datos.

- Gestión de actualizaciones y parches: Es importante mantener los sistemas actualizados y aplicar parches de seguridad para proteger contra vulnerabilidades conocidas. Esto puede incluir la instalación de actualizaciones del sistema operativo y de las aplicaciones, así como la aplicación de parches de seguridad.

- Gestión de incidentes de seguridad: Es importante tener un plan de gestión de incidentes de seguridad para responder a posibles amenazas de seguridad y minimizar el impacto de cualquier incidente. Esto puede incluir la implementación de medidas de respuesta a incidentes, la formación de personal y la documentación de los procesos de gestión de incidentes.

5. **Colaborar con otros departamentos:** Trabajar en conjunto con otros departamentos de la empresa para asegurar la integración adecuada de los sistemas de información y tecnología de la información con los procesos de negocio. Esto puede incluir la asesoría y el apoyo técnico a otros departamentos.

Como ingeniero de sistemas, es importante colaborar con otros departamentos de la empresa para asegurar la integración adecuada de los sistemas de información y tecnología de la información con los procesos de negocio. Algunas formas en las que puede colaborar con otros departamentos incluyen:

- Proporcionar asesoría y apoyo técnico: Puede ser útil proporcionar asesoría y apoyo técnico a otros departamentos para asegurar que estén utilizando los sistemas de información y tecnología de la información de manera eficiente y efectiva. Esto puede incluir la resolución de problemas técnicos y la asistencia en el uso de las herramientas y aplicaciones.

- Participar en proyectos conjuntos: Puede ser útil participar en proyectos conjuntos con otros departamentos para asegurar que los sistemas de información y tecnología de la información estén integrados adecuadamente con los procesos de negocio. Esto puede incluir la participación en reuniones y la colaboración en la definición de requisitos y en la planificación del proyecto.

- Establecer canales de comunicación: Es importante establecer canales de comunicación efectivos con otros departamentos para asegurar una buena colaboración y una integración adecuada de los sistemas de información y tecnología de la información con los procesos de negocio. Esto puede incluir la establecimiento de puntos de contacto en otros departamentos y la participación en reuniones periódicas para discutir el progreso y los problemas.

- Asegurar la integración de los sistemas: Una vez que se haya establecido la colaboración con otros departamentos, es importante asegurar que los sistemas de información y tecnología de la información estén integrados adecuadamente con los procesos de negocio. Esto puede incluir la realización de pruebas de integración y la solución de problemas de integración que puedan surgir.

6. **Proporcionar capacitación y soporte:** Capacitar a los usuarios de los sistemas de información y tecnología de la información y proporcionar soporte técnico cuando sea necesario.

Algunas formas en las que puede proporcionar capacitación y soporte incluyen:

- Proporcionar documentación y guías de usuario: Puede ser útil proporcionar documentación y guías de usuario a los usuarios para que puedan utilizar los sistemas de información y tecnología de la información de manera eficiente y efectiva. Esto puede incluir manuales de usuario y tutoriales en línea.

- Realizar sesiones de capacitación: Puede ser útil realizar sesiones de capacitación para enseñar a los usuarios cómo utilizar los sistemas de información y tecnología de la información de manera eficiente y efectiva. Esto puede incluir sesiones de capacitación en persona o sesiones de capacitación en línea.

- Proporcionar soporte técnico: Puede ser útil proporcionar soporte técnico a los usuarios cuando surjan problemas o dudas con los sistemas de información y tecnología de la información. Esto puede incluir la resolución de problemas técnicos y la asistencia en el uso de las herramientas y aplicaciones.

- Establecer un sistema de soporte: Es importante establecer un sistema de soporte para asegurar que los usuarios puedan obtener ayuda cuando sea necesario. Esto puede incluir la creación de un sistema de tickets de soporte y la designación de un punto de contacto para que los usuarios puedan obtener ayuda.

7. **Gestionar proyectos:** Planificar, organizar y supervisar proyectos de tecnología de la información y sistemas de información. Esto puede incluir la definición de objetivos, la asignación de recursos y la gestión del tiempo y el presupuesto.

Algunos pasos que puede seguir para gestionar proyectos incluyen:

- Definición de objetivos: Es importante definir los objetivos del proyecto de manera clara y concisa. Esto puede incluir la definición de los objetivos de negocio que se espera que el proyecto cumpla y la identificación de los requisitos y restricciones del proyecto.

- Asignación de recursos: Una vez que se hayan definido los objetivos del proyecto, es importante asignar los recursos necesarios para completar el proyecto de manera eficiente. Esto puede incluir la asignación de personal, equipos y otros recursos necesarios para completar el proyecto.

- Gestión del tiempo y el presupuesto: Es importante gestionar el tiempo y el presupuesto del proyecto de manera eficiente para asegurar que el proyecto se complete a tiempo y dentro del presupuesto asignado. Esto puede incluir la creación de un plan de proyecto y la utilización de herramientas de gestión de proyectos para monitorear el progreso y el presupuesto.

- Supervisión del proyecto: Una vez que se haya iniciado el proyecto, es importante supervisar el progreso y asegurar que se está cumpliendo el plan de proyecto. Esto puede incluir la realización de reuniones periódicas con el equipo del proyecto y la utilización de herramientas de seguimiento del proyecto para monitorear el progreso.

- Gestión de cambios: A lo largo del proyecto, es probable que surjan cambios en los requisitos o en el entorno del proyecto. Es importante gestionar estos cambios de manera eficiente para asegurar que el proyecto se complete de manera exitosa. Esto puede incluir la gestión de cambios en el plan de proyecto y la comunicación de los cambios al equipo del proyecto y a otros interesados.

8.   **Gestionar equipos:** Liderar y dirigir a equipos de ingenieros de sistemas y otros profesionales de tecnología de la información. Asignar tareas y responsabilidades.

Algunas formas en las que puede gestionar a su equipo incluyen:

- Asignar tareas y responsabilidades: Es importante asignar tareas y responsabilidades de manera clara y equitativa entre los miembros del equipo. También es importante asegurar que cada miembro del equipo tenga las habilidades y conocimientos necesarios para completar su trabajo de manera eficiente y efectiva.

- Establecer objetivos y expectativas: Es importante establecer objetivos y expectativas claras para el equipo y para cada miembro del equipo. Esto puede incluir la definición de metas a corto y largo plazo y el establecimiento de expectativas de rendimiento y comportamiento.

- Proporcionar liderazgo y guía: Como líder del equipo, es importante proporcionar liderazgo y guía para asegurar que el equipo trabaje de manera eficiente y efectiva. Esto puede incluir la motivación del equipo y la creación de un ambiente de trabajo positivo y colaborativo.

- Gestión del rendimiento: Es importante monitorear el rendimiento del equipo y tomar medidas para mejorarlo si es necesario. Esto puede incluir la realización de evaluaciones de rendimiento y la proporción de retroalimentación y capacitación a los miembros del equipo.

- Comunicación efectiva: La comunicación efectiva es clave para la gestión de un equipo. Es importante asegurar que los miembros del equipo estén al tanto de las expectativas, objetivos y prioridades del equipo y que se mantengan informados sobre el progreso y el rendimiento del equipo.

Operaciones Generales

Como ingeniero de sistemas, es importante tener en cuenta varios aspectos a la hora de planificar, organizar, dirigir, controlar y evaluar las operaciones de los departamentos y empresas de sistemas de información y procesamiento electrónico de datos:

Planificación: Es importante tener una visión a largo plazo y establecer metas y objetivos claros para el departamento o empresa de sistemas de información. También es importante determinar qué recursos se necesitarán para alcanzar esas metas y objetivos, incluyendo el personal, el hardware y el software.

Organización: Es importante estructurar el departamento o empresa de sistemas de información de manera efectiva, estableciendo roles y responsabilidades claras para cada miembro del equipo. También es importante establecer procesos y procedimientos para garantizar la eficiencia y la efectividad en el trabajo.

Dirección: Como ingeniero de sistemas, es importante liderar el equipo y asegurarse de que se sigan los planes y procesos establecidos, proporcionando orientación y apoyo a los miembros del equipo cuando sea necesario. También es importante comunicarse de manera efectiva con otros departamentos y empresas relacionadas para asegurar la integración adecuada de los sistemas de información.

Control: Es importante monitorear el progreso del equipo y el rendimiento de los sistemas de información, identificando problemas y tomando medidas para corregirlos de manera oportuna. También es importante asegurarse de que se cumplan los estándares y regulaciones relevantes.

Evaluación: Es importante evaluar regularmente el rendimiento del equipo y de los sistemas de información, comparando los resultados con las metas y objetivos establecidos. También es importante realizar una revisión periódica de los procesos y procedimientos para identificar áreas de mejora y optimizar la eficiencia.

Desarrollar e implementar políticas y procedimientos para el procesamiento electrónico de datos y el desarrollo y las operaciones de los sistemas informáticos como ingeniero de sistemas, es importante seguir estos pasos:

- **Identificar las necesidades del departamento o empresa:** Es importante entender las necesidades del departamento o empresa en cuanto al procesamiento de datos y el uso de sistemas informáticos, para poder establecer políticas y procedimientos adecuados.

- **Revisar las regulaciones y estándares relevantes:** Es importante asegurarse de que las políticas y procedimientos estén alineadas con las regulaciones y estándares relevantes, como la Ley de Protección de Datos Personales o el Reglamento General de Protección de Datos de la UE.

- **Diseñar las políticas y procedimientos:** Una vez que se han identificado las necesidades del departamento o empresa y se han revisado las regulaciones y estándares relevantes, es importante diseñar las políticas y procedimientos de manera clara y concisa. Esto incluye establecer roles y responsabilidades, definir procesos y procedimientos, y establecer medidas de seguridad y protección de datos.

- **Comunicar las políticas y procedimientos:** Es importante asegurarse de que todos los miembros del equipo conozcan y comprendan las políticas y procedimientos. Esto puede incluir la realización de capacitaciones o la distribución de documentación clara y detallada.

- **Implementar y hacer cumplir las políticas y procedimientos:** Una vez que se han diseñado y comunicado las políticas y procedimientos, es importante implementarlas y asegurarse de que se cumplan. Esto puede incluir la creación de sistemas de monitoreo y control para asegurar el cumplimiento de las políticas y procedimientos.

- **Revisión periódica:** Es importante revisar las políticas y procedimientos de manera regular para asegurarse de que siguen siendo relevantes y adecuadas para las necesidades del departamento o empresa.

Gestión de reuniones: Para gestionar las reuniones con los clientes para analizar los requisitos del sistema, las especificaciones, los costos y los plazos como ingeniero de sistemas, es importante seguir estos pasos:

- **Prepararse adecuadamente:** Es importante asegurarse de tener una comprensión clara de los requisitos del sistema y de las expectativas del cliente antes de la reunión. También es importante preparar cualquier material o información necesaria para la reunión, como documentación o presentaciones.

- **Establecer una agenda clara:** Es importante establecer una agenda clara para la reunión, incluyendo los temas que se abordarán y el tiempo estimado para cada uno. Esto ayudará a mantener el foco en los puntos importantes y a asegurar que se cubra todo lo necesario en el tiempo disponible.

- **Escuchar atentamente:** Es importante escuchar atentamente a los clientes y asegurarse de entender sus requisitos y expectativas. También es importante hacer preguntas claras y específicas para obtener más información y asegurarse de tener una comprensión completa de lo que el cliente está buscando.

- **Ofrecer soluciones y opciones:** Como ingeniero de sistemas, es importante ofrecer soluciones y opciones viables para satisfacer los requisitos del sistema del cliente. También es importante proporcionar estimaciones de costo y plazo realistas y razonables.
- **Tomar notas y resumir los acuerdos:** Es importante tomar notas durante la reunión y resumir los acuerdos al final para asegurarse de que todos estén en la misma página y se haya cubierto todo lo necesario. También es importante enviar una copia de las notas y el resumen a los participantes de la reunión para que tengan un registro de lo discutido.
- **Seguimiento:** Es importante hacer un seguimiento de los acuerdos y avances después de la reunión para asegurarse de que se está cumpliendo con los plazos y requisitos acordados. También es importante mantener una comunicación clara y abierta con el cliente durante todo el proceso.

Gestionar equipos de personal: Para formar y gestionar equipos de personal de sistemas de información para diseñar, desarrollar, implementar, operar y administrar software, redes y sistemas de información informáticos y de telecomunicaciones como ingeniero de sistemas, es importante seguir estos pasos:

Identificar las necesidades del equipo: Es importante entender las necesidades del equipo en términos de habilidades y conocimientos, y seleccionar a personas con las capacidades adecuadas para satisfacer esas necesidades. También es importante tener en cuenta la experiencia y el historial laboral de los candidatos.

Reclutar y contratar al personal adecuado: Una vez que se han identificado las necesidades del equipo, es importante iniciar el proceso de reclutamiento y contratación del personal adecuado. Esto puede incluir la publicación de anuncios de trabajo, la revisión de currículums y la realización de entrevistas.

Proporcionar capacitación y desarrollo: Es importante proporcionar capacitación y desarrollo adecuados a los miembros del equipo para asegurarse de que estén equipados con las habilidades y conocimientos necesarios para el trabajo. Esto puede incluir cursos de formación interna o externa.

Establecer roles y responsabilidades claros: Es importante establecer roles y responsabilidades claros para cada miembro del equipo para asegurar una distribución equilibrada del trabajo y una comunicación efectiva.

Proporcionar liderazgo y apoyo: Como ingeniero de sistemas, es importante proporcionar liderazgo y apoyo a los miembros del equipo para ayudarles a alcanzar sus metas y objetivos. También es importante estar disponible para responder a preguntas y proporcionar orientación cuando sea necesario.

Monitorear y evaluar el rendimiento: Es importante monitorear y evaluar el rendimiento del equipo regularmente para asegurarse de que se está cumpliendo con las metas y objetivos establecidos. También es importante proporcionar retroalimentación y brindar oportunidades de desarrollo continuo para mejorar el rendimiento del equipo a largo plazo.

Manejar Presupuesto: Para controlar el presupuesto y los gastos del departamento, empresa o proyecto como ingeniero de sistemas, es importante seguir estos pasos:

- **Establecer un presupuesto:** Es importante establecer un presupuesto detallado que incluya todos los costos esperados, como el personal, el hardware y el software, los servicios de terceros, etc. También es importante establecer un margen de contingencia para cubrir imprevistos o cambios inesperados.

- **Monitorear y registrar los gastos:** Es importante monitorear y registrar los gastos regularmente para asegurarse de que se están manteniendo dentro del presupuesto establecido. Esto puede incluir la revisión de facturas y recibos, la verificación de los costos reales con respecto a los estimados, y la identificación de áreas en las que se pueden realizar ahorros.

- **Revisar y actualizar el presupuesto:** Es importante revisar y actualizar el presupuesto de manera regular para reflejar los cambios en los costos o en las prioridades. También es importante estar atentos a cualquier oportunidad de ahorro o reducción de costos.
- **Comunicar el presupuesto y los gastos:** Es importante comunicar el presupuesto y los gastos a los miembros del equipo y a otros interesados para asegurarse de que todos estén al tanto de las restricciones financieras y de cómo se están utilizando los recursos.
- **Realizar un seguimiento y una revisión periódica:** Es importante realizar un seguimiento y una revisión periódica del presupuesto y los gastos para asegurarse de que se están utilizando de manera eficiente y efectiva. También es importante realizar una revisión final del presupuesto y los gastos al final del proyecto o del periodo de tiempo para evaluar el rendimiento financiero.

Reclutamiento: Para reclutar y supervisar analistas informáticos, ingenieros, programadores, técnicos y otro personal y supervisar su desarrollo profesional y capacitación como ingeniero de sistemas, es importante seguir estos pasos:

- **Identificar las necesidades del equipo:** Es importante entender las necesidades del equipo en términos de habilidades y conocimientos, y seleccionar a personas con las capacidades adecuadas para satisfacer esas necesidades. También es importante tener en cuenta la experiencia y el historial laboral de los candidatos.

- **Reclutar y contratar al personal adecuado:** Una vez que se han identificado las necesidades del equipo, es importante iniciar el proceso de reclutamiento y contratación del personal adecuado. Esto puede incluir la publicación de anuncios de trabajo, la revisión de currículums y la realización de entrevistas.

- **Proporcionar capacitación y desarrollo:** Es importante proporcionar capacitación y desarrollo adecuados a los miembros del equipo para asegurarse de que estén equipados con las habilidades y conocimientos necesarios para el trabajo. Esto puede incluir cursos de formación interna o externa.

- **Establecer roles y responsabilidades claros:** Es importante establecer roles y responsabilidades claros para cada miembro del equipo para asegurar una distribución equilibrada del trabajo y una comunicación efectiva.
- **Proporcionar liderazgo y apoyo** a los miembros del equipo para ayudarles a alcanzar sus metas y objetivos. También es importante estar disponible para responder a preguntas y proporcionar orientación cuando sea necesario.
- **Monitorear y evaluar el rendimiento:** Es importante monitorear y evaluar el rendimiento del equipo regularmente para asegurarse de que se está cumpliendo con las metas y objetivos establecidos. También es importante proporcionar retroalimentación y brindar oportunidades de desarrollo continuo para mejorar el rendimiento del equipo a largo plazo.
- **Establecer planes de carrera y desarrollo:** Es importante establecer planes de carrera y desarrollo para los miembros del equipo para

ayudarles a alcanzar sus metas profesionales y a desarrollar sus habilidades y conocimientos. Esto puede incluir la asignación de proyectos específicos o la participación en programas de capacitación.

- **Proporcionar un ambiente de trabajo positivo:** Como ingeniero de sistemas, es importante proporcionar un ambiente de trabajo positivo y colaborativo para fomentar el trabajo en equipo y el desarrollo profesional. Esto puede incluir la promoción de la comunicación abierta y el respeto mutuo.

Equipo de trabajo

Un equipo de trabajo de ingenieros de sistemas debe estar integrado de manera eficiente y efectiva para asegurar que el equipo trabaje de manera colaborativa y productiva. Algunas formas en las que puede estar integrado un equipo de trabajo de ingenieros de sistemas incluyen:

- **Comunicación efectiva:** Es importante que el equipo tenga canales de comunicación efectivos para poder compartir información y colaborar de manera eficiente. Esto puede incluir la realización de reuniones periódicas y la utilización de herramientas de comunicación en línea.

- **Roles y responsabilidades claros:** Es importante que cada miembro del equipo tenga roles y responsabilidades claramente definidos para asegurar que todas las tareas se completen de manera eficiente y efectiva.

- **Trabajo en equipo:** El equipo debe trabajar de manera colaborativa y apoyarse mutuamente para asegurar que el trabajo se complete de manera eficiente y efectiva.

- **Liderazgo y guía:** Es importante que el equipo tenga un líder o líderes que proporcionen guía y orientación y que estén dispuestos a tomar decisiones y resolver problemas.

- **Gestión del rendimiento:** Es importante que el equipo monitoree su rendimiento y tome medidas para mejorarlo si es necesario. Esto puede incluir la realización de evaluaciones de rendimiento y la proporción de retroalimentación y capacitación a los miembros del equipo.

En resumen, un equipo de trabajo de ingenieros de sistemas debe estar integrado de manera eficiente y efectiva a través de la comunicación efectiva, roles y responsabilidades claros, trabajo en equipo, liderazgo y guía, y gestión del rendimiento. De esta manera, el equipo podrá trabajar de manera colaborativa y productiva para alcanzar los objetivos del proyecto.

Los miembros de un equipo de ingeniería de sistemas pueden variar dependiendo de las necesidades y requisitos del departamento y de la empresa. Algunos posibles miembros de un equipo de ingeniería de sistemas pueden incluir:

- **Ingenieros de sistemas:** Los ingenieros de sistemas son profesionales que se encargan de diseñar, implementar y mantener sistemas de información y tecnología de la información.

- **Diseñadores de sistemas:** Los diseñadores de sistemas son profesionales que se encargan de diseñar los sistemas de información y tecnología de la información y de asegurar que se integren adecuadamente con los procesos de negocio.

- **Administradores de sistemas:** Los administradores de sistemas son profesionales que se encargan de instalar, configurar y mantener los sistemas de información y tecnología de la información.

- **Analistas de sistemas:** Los analistas de sistemas son profesionales que se encargan de analizar los sistemas de información y tecnología de la información y de identificar las necesidades y requisitos de los usuarios.

- **Técnicos de sistemas:** Los técnicos de sistemas son profesionales que se encargan de realizar tareas técnicas relacionadas con los sistemas de información y tecnología de la información, como la instalación y configuración de hardware y software.

- **Consultores de sistemas:** Los consultores de sistemas son profesionales que se encargan de brindar asesoría y apoyo técnico a los usuarios de los sistemas de información y tecnología de la información.

- **Jefes de proyecto:** Los jefes de proyecto son profesionales que se encargan de planificar, organizar y supervisar proyectos de tecnología de la información y sistemas de información.

- **Analistas de negocio:** Los analistas de negocio son profesionales que se encargan de analizar los procesos de negocio y de identificar formas de mejorar la eficiencia y productividad a través de la utilización de sistemas de información y tecnología de la información.

La estructura de un departamento de ingeniería de sistemas puede variar dependiendo del tamaño y la complejidad de la empresa o organización. Sin embargo, algunos elementos comunes que pueden formar parte de la estructura de un departamento de ingeniería de sistemas incluyen:

- **Un gerente o director del departamento:** es el responsable de supervisar y dirigir el trabajo del departamento y asegurar que se cumplan los objetivos y metas de la organización.

- **Ingenieros de sistemas:** son profesionales que diseñan, implementan y mantienen sistemas de información y tecnología de la información.

- **Diseñadores de sistemas:** se encargan de diseñar y planificar el funcionamiento y la arquitectura de los sistemas de información y tecnología de la información.

- **Analistas de sistemas:** son responsables de analizar y evaluar los sistemas existentes y proponer soluciones para mejorar la eficiencia y la productividad.

- **Técnicos de soporte:** brindan soporte técnico a los usuarios y resuelven problemas técnicos.

- **Administradores de bases de datos:** son responsables de la administración y mantenimiento de las bases de datos de la organización.

En algunas organizaciones, el departamento de ingeniería de sistemas puede estar dividido en subdepartamentos o equipos especializados en áreas específicas, como redes, seguridad de la información, desarrollo de software, etc.

Los ingenieros de sistemas, los ingenieros de software y los ingenieros de computación son profesionales que trabajan en el campo de la informática y las tecnologías de la información. Aunque sus áreas de especialización tienen algunas similitudes, también tienen diferencias importantes:

- **Ingeniero de sistemas:** es un profesional que se encarga de diseñar, implementar y mantener sistemas de información y tecnología de la información. Estos sistemas pueden incluir hardware, software, bases de datos, redes y sistemas de seguridad. Los ingenieros de sistemas deben tener un conocimiento amplio de los sistemas y tecnologías de la información y cómo funcionan juntos.

- **Ingeniero de software:** es un profesional que se encarga de diseñar, desarrollar y mantener software. Los ingenieros de software trabajan en todas las etapas del ciclo de vida del software, desde el diseño hasta la implementación y el mantenimiento. Deben tener conocimientos profundos de lenguajes de programación y técnicas de desarrollo de software.

- **Ingeniero de computación:** es un profesional que se encarga de diseñar, desarrollar y mantener sistemas de computación. Los ingenieros de computación pueden trabajar en una amplia variedad de áreas, como redes, seguridad de la información, inteligencia artificial y sistemas de bases de datos. Deben tener conocimientos profundos de la teoría de la computación y cómo se aplica a la práctica.

En resumen, los ingenieros de sistemas se enfocan en el diseño y la implementación de sistemas de información y tecnología de la información en su conjunto, mientras que los ingenieros de software se centran en el desarrollo de software y los ingenieros de computación se enfocan en el diseño y la implementación de sistemas de computación.

Prácticas éticas

Un ingeniero de sistemas debe seguir ciertas prácticas éticas y profesionales para garantizar la calidad y la integridad de los sistemas que desarrolla y mantiene. Algunas cosas que un ingeniero de sistemas no debe hacer incluyen:

- No debe violar la confidencialidad o la privacidad de los usuarios. Es importante respetar la privacidad y la confidencialidad de la información de los usuarios y tomar medidas adecuadas para protegerla.

- No debe comprometer la seguridad de los sistemas. Es crucial garantizar la seguridad de los sistemas y protegerlos contra posibles vulnerabilidades y ataques.

- No debe utilizar sus conocimientos y habilidades para fines ilegales o inmorales. Los ingenieros de sistemas deben asegurarse de que sus acciones estén alineadas con los valores éticos y legales apropiados.

- No debe descuidar su propia formación y desarrollo profesional. Es importante mantenerse actualizado en las últimas tendencias y tecnologías para poder ofrecer un servicio de calidad a los clientes y a las empresas para las que trabaje.

- No debe realizar trabajos que no esté capacitado para realizar. Es importante asegurarse de tener las habilidades y conocimientos necesarios para realizar cualquier tarea o proyecto de manera eficiente y efectiva.

Responsabilidades

Un ingeniero de sistemas es un profesional que se encarga de diseñar, implementar y mantener sistemas informáticos y de tecnología de la información. Algunas de las responsabilidades y tareas que pueden tener los ingenieros de sistemas incluyen:

- Diseñar y desarrollar sistemas informáticos y de tecnología de la información.

- Instalar y configurar hardware y software de sistemas.

- Realizar pruebas y validaciones de sistemas para asegurar su correcto funcionamiento y rendimiento.

- Diagnosticar y solucionar problemas técnicos y de rendimiento en los sistemas.

- Diseñar y implementar planes de seguridad para proteger los sistemas contra posibles vulnerabilidades y ataques.

- Realizar mantenimiento preventivo y correctivo de los sistemas.

- Proporcionar soporte técnico y asesoramiento a los usuarios y clientes.

- Participar en la gestión y planificación de proyectos de tecnología de la información.

- Mantenerse actualizado en las últimas tendencias y tecnologías del área de sistemas y tecnología de la información.

El diseño y desarrollo de sistemas informáticos y de tecnología de la información es un proceso complejo que implica una serie de pasos y actividades. A continuación, se describen algunos de los pasos que pueden seguirse para diseñar y desarrollar sistemas informáticos y de tecnología de la información:

- **Análisis de requisitos:** Es necesario realizar un análisis exhaustivo de los requisitos del sistema para entender las necesidades y expectativas del usuario y definir el alcance del proyecto.

- **Diseño de la solución:** Una vez definidos los requisitos, se debe diseñar la solución que satisfaga dichos requisitos. Esto incluye definir la arquitectura del sistema, el diseño de la base de datos y la selección de las herramientas y tecnologías a utilizar.

- **Desarrollo del sistema:** En esta fase, se implementa el sistema de acuerdo al diseño previamente definido.

- **Pruebas:** Es importante realizar pruebas exhaustivas del sistema para asegurar su correcto funcionamiento y rendimiento.

- **Implementación:** Una vez que el sistema ha sido desarrollado y probado, se procede a su implementación en el entorno de producción.

- **Mantenimiento:** Es necesario realizar mantenimiento periódico del sistema para asegurar su correcto funcionamiento y mejorar su rendimiento.

La instalación y configuración de hardware y software de sistemas es una tarea importante que requiere conocimientos técnicos y habilidades en el área de tecnología de la información. A continuación, se presentan algunos pasos que pueden seguirse para instalar y configurar hardware y software de sistemas:

- **Preparar el entorno:** Es importante asegurarse de que el entorno donde se instalará el hardware y el software esté limpio y libre de obstáculos. Además, es necesario verificar que se cuenta con los cables y conectores necesarios para realizar la instalación.

- **Instalar el hardware:** El primer paso es instalar el hardware según las instrucciones del fabricante. Esto incluye conectar el hardware a la fuente de alimentación y a la red eléctrica, y en el caso de dispositivos de entrada/salida (E/S), conectarlos al sistema.

- **Instalar el software:** Una vez instalado el hardware, se puede proceder a instalar el software. Es importante seguir las instrucciones del fabricante y aceptar los términos y condiciones del software.

- **Configurar el software:** Una vez instalado el software, es necesario configurarlo para que funcione de acuerdo a las necesidades del usuario. Esto incluye configurar opciones y parámetros, así como configurar las opciones de seguridad y privacidad.

- **Realizar pruebas:** Es importante realizar pruebas del hardware y el software instalados para asegurar que están funcionando correctamente y cumplen con los requisitos del usuario.

Es importante tener en cuenta que la instalación y configuración de hardware y software de sistemas puede requerir conocimientos y habilidades específicas, por lo que es recomendable contar con el apoyo de un profesional capacitado en el área.

La **realización de pruebas y validaciones** de sistemas es una tarea importante que permite asegurar el correcto funcionamiento y rendimiento de los mismos. Algunos pasos que pueden seguirse para realizar pruebas y validaciones de sistemas son:

- **Diseñar un plan de pruebas:** Es importante definir un plan de pruebas que incluya todas las pruebas que se deben realizar y las condiciones en las que se deben realizar.

- **Configurar el entorno de pruebas:** Es necesario configurar un entorno de pruebas que simule el entorno de producción lo más fielmente posible.

- **Ejecutar las pruebas:** Una vez configurado el entorno de pruebas, se pueden ejecutar las pruebas definidas en el plan de pruebas.

- **Analizar los resultados:** Es importante analizar los resultados de las pruebas para verificar si el sistema cumple con los requisitos y esperanzas del usuario.

- **Corregir problemas:** En caso de encontrar problemas durante las pruebas, es necesario corregirlos para asegurar el correcto funcionamiento del sistema.

- **Realizar pruebas de aceptación:** Una vez finalizadas las pruebas, es necesario realizar pruebas de aceptación con el usuario final para verificar que el sistema cumple con sus necesidades y expectativas.

Es importante tener en cuenta que la realización de pruebas y validaciones de sistemas es un proceso continuo que debe realizarse a lo largo de todo el ciclo de vida del sistema. Además, es importante contar con un equipo de pruebas capacitado y con las herramientas necesarias para realizar las pruebas de manera eficiente y efectiva.

La detección y solución de problemas técnicos y de rendimiento en los sistemas es una tarea importante que requiere conocimientos técnicos y habilidades en el área de tecnología de la información. Algunos pasos que pueden seguirse para diagnosticar y solucionar problemas técnicos y de rendimiento en los sistemas son:

- **Identificar el problema:** Es importante identificar el problema de manera precisa y detallada para poder encontrar una solución adecuada. Esto incluye recopilar información sobre el problema, incluyendo los síntomas, el momento en que ocurre y los factores que pueden estar relacionados.

- **Analizar el problema:** Una vez identificado el problema, es necesario analizarlo para determinar la causa subyacente. Esto puede incluir revisar los registros del sistema, realizar pruebas y utilizar herramientas de diagnóstico.

- **Probar soluciones:** Una vez determinada la causa del problema, es necesario probar diferentes soluciones hasta encontrar una que funcione adecuadamente.

- **Aplicar la solución:** Una vez encontrada la solución adecuada, es necesario aplicarla para solucionar el problema.

- **Verificar la solución:** Es importante verificar que la solución aplicada haya solucionado el problema de manera efectiva y que el sistema esté funcionando correctamente.

Es importante tener en cuenta que la detección y solución de problemas técnicos y de rendimiento en los sistemas puede requerir conocimientos y habilidades específicas, por lo que es recomendable contar con el apoyo de un profesional capacitado en el área. Además, es importante documentar los problemas y las soluciones aplicadas para poder referirse a ellos en el futuro y mejorar la eficiencia del proceso.

La seguridad de los sistemas es una preocupación importante en el área de tecnología de la información, ya que los sistemas pueden ser vulnerables a ataques y otras amenazas que pueden comprometer la confidencialidad, integridad y disponibilidad de la información y de los servicios que ofrecen. A continuación, se presentan algunos pasos que pueden seguirse para diseñar y implementar planes de seguridad para

proteger los sistemas contra posibles
vulnerabilidades y ataques:

- **Identificar los riesgos:** Es necesario identificar
  los riesgos a los que está expuesto el sistema,
  incluyendo vulnerabilidades y amenazas
  internas y externas.

- **Evaluar los riesgos:** Una vez identificados los
  riesgos, es necesario evaluarlos para
  determinar su impacto y probabilidad de
  ocurrencia.

- **Establecer objetivos de seguridad:** Es
  importante establecer objetivos de seguridad
  que sean alcanzables y medibles para poder
  medir el progreso y el éxito de las medidas de
  seguridad implementadas.

- **Diseñar medidas de seguridad:** Una vez
  identificados los riesgos y establecidos los
  objetivos de seguridad, es necesario diseñar
  medidas de seguridad adecuadas para mitigar o
  eliminar dichos riesgos.

- **Implementar medidas de seguridad:** Una vez
  diseñadas las medidas de seguridad, es

necesario implementarlas en el sistema para protegerlo contra posibles vulnerabilidades y ataques.

- **Monitorear y mantener las medidas de seguridad: Es** importante monitorear las medidas de seguridad implementadas para asegurar que están funcionando correctamente y para detectar y solucionar cualquier problema o falla. Además, es necesario mantener las medidas de seguridad actualizadas y adaptadas a los cambios en el entorno y en los requisitos de seguridad.

Es importante tener en cuenta que la seguridad de los sistemas es un proceso continuo y que es necesario dedicar tiempo y recursos para garantizar la protección adecuada de los mismos. Además, es importante contar con un equipo de seguridad capacitado y con las herramientas necesarias para garantizar la seguridad del sistema.

Soporte técnico Hay varias maneras de proporcionar soporte técnico y asesoramiento a los usuarios y clientes en el área de ingeniería de sistemas:

- **Identificar el problema:** es importante identificar el problema que está enfrentando el usuario o cliente para poder proporcionar una solución adecuada. Esto puede involucrar hacer preguntas y recopilar información relevante sobre el problema.

- **Proporcionar soluciones paso a paso:** una vez que se ha identificado el problema, es importante proporcionar instrucciones paso a paso para resolverlo. Esto puede incluir procedimientos de solución de problemas y soluciones de trabajo.

- **Mantener una comunicación clara y efectiva:** es importante mantener una comunicación clara y efectiva con el usuario o cliente para asegurar que entiendan el problema y la solución.

- **Mantenerse actualizado:** es importante mantenerse actualizado en las últimas tecnologías y soluciones de sistemas para poder proporcionar asesoramiento y soporte de manera efectiva.

- **Escuchar a los usuarios y clientes:** es importante escuchar a los usuarios y clientes para entender sus necesidades y asegurarse de que están satisfechos con el soporte y el asesoramiento que se les está proporcionando.

Participación en la gestión y planificación de proyectos

Para participar en la gestión y planificación de proyectos de tecnología de la información, es importante seguir los siguientes pasos:

- **Identificar el objetivo del proyecto:** es importante tener una comprensión clara del objetivo del proyecto y cómo se relaciona con los objetivos a largo plazo de la empresa.

- **Desarrollar un plan de proyecto:** un plan de proyecto detallado incluirá una lista de tareas y metas a largo plazo, un calendario de tiempo estimado, un presupuesto y una lista de recursos necesarios.

- **Asignar tareas y responsabilidades:** es importante asignar tareas y responsabilidades a los miembros del equipo y asegurarse de que todos entiendan su papel en el proyecto.

- **Monitorear el progreso del proyecto:** es importante monitorear el progreso del proyecto y ajustar el plan de proyecto en consecuencia para asegurar que se cumplan los plazos y se mantenga dentro del presupuesto.

- **Comunicar el progreso del proyecto:** es importante mantener a todos los interesados informados sobre el progreso del proyecto y cualquier cambio en el plan de proyecto.

- **Evaluar el éxito del proyecto:** una vez completado el proyecto, es importante evaluar su éxito y determinar qué se puede hacer mejor en proyectos futuros.

Mantenerse actualizado en las últimas tendencias y tecnologías de la información.

Hay varias maneras de mantenerse actualizado en las últimas tendencias y tecnologías del área de sistemas y tecnología de la información:

- **Leer blogs y revistas especializadas:** hay muchos blogs y revistas especializadas en tecnología de la información y sistemas que ofrecen noticias y recursos actualizados sobre las últimas tendencias y tecnologías.

- **Asistir a conferencias y eventos:** asistir a conferencias y eventos relacionados con la tecnología de la información y los sistemas es una excelente manera de aprender sobre las últimas tendencias y tecnologías.

- **Participar en comunidades en línea:** hay muchas comunidades en línea dedicadas a la tecnología de la información y los sistemas donde se pueden discutir las últimas tendencias y tecnologías con otros profesionales.

- **Tomar cursos y certificaciones:** tomar cursos y obtener certificaciones en tecnología de la información y sistemas puede ayudar a mantenerse al día en las últimas tendencias y tecnologías.

- **Trabajar en proyectos prácticos:** trabajar en proyectos prácticos que involucren tecnología de la información y sistemas es una excelente manera de aprender sobre las últimas tendencias y tecnologías.

Cúal es la importancia de los ingenieros de sistemas en el funcionamiento eficiente de las empresas y organizaciones.

Los ingenieros de sistemas juegan un papel esencial en el funcionamiento eficiente de las empresas y organizaciones, ya que son responsables de diseñar, implementar y mantener los sistemas informáticos y de tecnología de la información que se utilizan para realizar diversas tareas y procesos.

Algunos ejemplos de cómo los ingenieros de sistemas contribuyen al funcionamiento eficiente de las empresas y organizaciones incluyen:

- Diseño y implementación de sistemas de bases de datos: Los ingenieros de sistemas trabajan para diseñar y implementar bases de datos que permitan a las empresas almacenar, acceder y utilizar grandes cantidades de datos de manera eficiente.

- Gestión de redes de computadoras: Los ingenieros de sistemas son responsables de diseñar, implementar y mantener las redes de computadoras que permiten a las empresas comunicarse y compartir datos de manera eficiente.

- Diseño y implementación de sistemas de seguridad: Los ingenieros de sistemas trabajan para diseñar y implementar sistemas de seguridad que protejan a las empresas de ciberataques y protejan la confidencialidad de los datos.

- Gestión de cambios tecnológicos: Los ingenieros de sistemas son responsables de evaluar y implementar nuevas tecnologías y soluciones informáticas que puedan mejorar la eficiencia y productividad de las empresas.

En resumen, los ingenieros de sistemas son esenciales para el funcionamiento eficiente de las empresas y organizaciones, ya que son responsables de diseñar y mantener los sistemas informáticos y de tecnología de la información que se utilizan para realizar diversas tareas y procesos.

Las habilidades esenciales de los ingenieros de sistemas son aquellas que son necesarias para realizar de manera efectiva su trabajo y cumplir con sus responsabilidades. Algunas de las habilidades esenciales de los ingenieros de sistemas incluyen:

- Análisis de sistemas: Los ingenieros de sistemas deben ser capaces de analizar sistemas existentes y determinar cómo pueden mejorarse o reemplazarse.

- Diseño de soluciones de software y hardware: Los ingenieros de sistemas deben ser capaces de diseñar soluciones de software y hardware que sean adecuadas para las necesidades específicas de una empresa u organización.

- Conocimiento de lenguajes de programación y herramientas informáticas: Los ingenieros de sistemas deben tener conocimientos en diversos lenguajes de programación y herramientas informáticas para poder desarrollar y mantener sistemas de software y hardware.

- Habilidades de comunicación: Los ingenieros de sistemas deben ser capaces de comunicarse efectivamente con otros miembros del equipo y con clientes y usuarios para poder entender sus necesidades y explicar cómo funcionan los sistemas.

- Gestión del tiempo y la organización: Los ingenieros de sistemas deben ser capaces de organizar y gestionar eficientemente su tiempo para poder cumplir con todas sus responsabilidades y proyectos.

- Trabajo en equipo: Los ingenieros de sistemas deben ser capaces de trabajar en equipo y colaborar con otros miembros del equipo para alcanzar los objetivos comunes.

En resumen, las habilidades esenciales de los ingenieros de sistemas incluyen el análisis de sistemas, el diseño de soluciones de software y hardware, el conocimiento de lenguajes de programación y herramientas informáticas, las habilidades de comunicación, la gestión del tiempo y la organización, y el trabajo en equipo.

Convertirse en ingeniero de sistemas

Para convertirse en ingeniero de sistemas, es necesario tener una formación y educación específica en esta área. A continuación se describen algunos de los requisitos de educación y formación necesarios para convertirse en ingeniero de sistemas:

- Título en ingeniería de sistemas o informática: La mayoría de los ingenieros de sistemas tienen un título en ingeniería de sistemas o informática, que puede obtenerse a través de programas de licenciatura o posgrado en universidades y escuelas técnicas. Estos programas suelen incluir clases en temas como ciencias de la computación, ingeniería de software, bases de datos y redes de computadoras.

- Experiencia en prácticas o trabajos de campo: Muchas veces, los ingenieros de sistemas obtienen experiencia en prácticas o trabajos de campo mientras estudian, lo que les permite aplicar lo que han aprendido en la teoría y obtener una visión más realista del trabajo que realizan.

- Certificaciones profesionales: Muchos ingenieros de sistemas obtienen certificaciones profesionales para demostrar su conocimiento y habilidades en áreas específicas de la ingeniería de sistemas. Estas certificaciones son ofrecidas por organizaciones como la Association for Computing Machinery (ACM) y la Institute for Electrical and Electronics Engineers (IEEE).

- Otros requisitos: Además de la formación y educación específicas, los ingenieros de sistemas deben tener habilidades de comunicación, trabajo en equipo y resolución de problemas, así como una actitud de aprendizaje continuo para poder mantenerse al tanto de las últimas tendencias y tecnologías en el campo.

En resumen, para convertirse en ingeniero de sistemas es necesario tener un título en ingeniería de sistemas o informática, experiencia en prácticas o trabajos de campo, certificaciones profesionales y habilidades de comunicación, trabajo en equipo y resolución de problemas.

Tipos de sistemas para trabajar

Los ingenieros de sistemas pueden trabajar en una variedad de diferentes tipos de sistemas, dependiendo de su especialización y las necesidades de la empresa o organización para la que trabajan. Algunos ejemplos de los diferentes tipos de sistemas que los ingenieros de sistemas pueden trabajar incluyen:

- Sistemas de bases de datos: Los ingenieros de sistemas pueden trabajar en sistemas de bases de datos, que son utilizados para almacenar, acceder y utilizar grandes cantidades de datos de manera eficiente.

- Redes de computadoras: Los ingenieros de sistemas pueden trabajar en redes de computadoras, que permiten a las empresas comunicarse y compartir datos de manera eficiente.

- Sistemas de seguridad: Los ingenieros de sistemas pueden trabajar en sistemas de seguridad, que protegen a las empresas de ciberataques y protegen la confidencialidad de los datos.

- Sistemas de comunicación: Los ingenieros de sistemas pueden trabajar en sistemas de comunicación, como sistemas de telefonía y sistemas de mensajería, que permiten a las empresas comunicarse con sus clientes y empleados de manera eficiente.

- Sistemas de información: Los ingenieros de sistemas pueden trabajar en sistemas de información, que recopilan, procesan y presentan datos para que puedan ser utilizados por las empresas para tomar decisiones informadas.

- Sistemas de control y automatización: Los ingenieros de sistemas pueden trabajar en sistemas de control y automatización, que son utilizados para controlar y monitorizar procesos industriales y mejorar la eficiencia.

En resumen, los ingenieros de sistemas pueden trabajar en una amplia variedad de sistemas, incluyendo sistemas de bases de datos, redes de computadoras, sistemas de seguridad, sistemas de comunicación, sistemas de información y sistemas de control y automatización.

Desafíos y problemas

Los ingenieros de sistemas se enfrentan a una serie de desafíos y problemas en su trabajo, que pueden variar dependiendo de la empresa o organización para la que trabajan y de las responsabilidades específicas que tienen. Algunos ejemplos de los desafíos y problemas a los que los ingenieros de sistemas se enfrentan incluyen:

- Mantenimiento de la seguridad de los sistemas: Uno de los principales desafíos a los que se enfrentan los ingenieros de sistemas es el mantenimiento de la seguridad de los sistemas informáticos y de tecnología de la información. Esto incluye proteger a las empresas de ciberataques y proteger la confidencialidad de los datos.

- Gestión del cambio tecnológico: Los ingenieros de sistemas deben estar al tanto de las últimas tendencias y tecnologías en el campo y estar dispuestos a adaptarse a ellas para poder ofrecer soluciones eficientes y efectivas. Esto puede ser un desafío ya que el ritmo del cambio tecnológico es rápido y constante.

- Trabajo bajo presión: Los ingenieros de sistemas a menudo trabajan bajo plazos apretados y pueden enfrentar altos niveles de presión para completar proyectos a tiempo.

- Gestión de proyectos: Los ingenieros de sistemas a menudo tienen la responsabilidad de liderar proyectos y deben ser capaces de gestionar efectivamente el tiempo y los recursos para alcanzar los objetivos del proyecto.

- Trabajo en equipo: Los ingenieros de sistemas a menudo trabajan en equipo con otros profesionales de tecnología de la información y deben ser capaces de colaborar y comunicarse efectivamente con ellos.

En resumen, los ingenieros de sistemas se enfrentan a una serie de desafíos y problemas en su trabajo, como el mantenimiento de la seguridad de los sistemas, la gestión del cambio tecnológico, el trabajo bajo presión, la gestión de proyectos y el trabajo en equipo.

Las tendencias y perspectivas futuras de la profesión de ingeniero de sistemas están influenciadas por los avances tecnológicos y las necesidades de las empresas y organizaciones. Algunas de las tendencias y perspectivas futuras de la profesión de ingeniero de sistemas incluyen:

- Crecimiento del empleo: Se espera que la demanda de ingenieros de sistemas siga creciendo en el futuro debido a la necesidad de las empresas de contar con sistemas informáticos y de tecnología de la información actualizados y eficientes.

- Mayor especialización: Con el aumento de la complejidad de los sistemas informáticos y de tecnología de la información, es probable que los ingenieros de sistemas se especialicen en áreas específicas de la ingeniería de sistemas.

- Mayor uso de la inteligencia artificial y el aprendizaje automático: Se espera que la inteligencia artificial y el aprendizaje automático tengan un papel cada vez mayor en la ingeniería de sistemas y que los ingenieros de sistemas debatan tener conocimientos en estas áreas.

- Mayor énfasis en la seguridad: La seguridad de los sistemas informáticos y de tecnología de la información seguirá siendo una preocupación importante y es probable que los ingenieros de sistemas debatan tener conocimientos más profundos en esta área.

- Mayor trabajo en equipo y colaboración: Con el aumento de la complejidad de los sistemas informáticos y de tecnología de la información, es probable que los ingenieros de sistemas trabajen más en equipo y colaboren con otros profesionales de tecnología de la información.

En resumen, las tendencias y perspectivas futuras de la profesión de ingeniero de sistemas incluyen el crecimiento del empleo, la mayor especialización, el mayor uso de la inteligencia artificial y el aprendizaje automático, el mayor énfasis en la seguridad y el mayor trabajo en equipo y colaboración.

Amplia gama de oportunidades de carrera

Los ingenieros de sistemas tienen una amplia gama de oportunidades de carrera debido a la demanda constante de sistemas informáticos y de tecnología de la información actualizados y eficientes. Algunas de las oportunidades de carrera para los ingenieros de sistemas incluyen:

- Desarrollo de software: Los ingenieros de sistemas pueden trabajar en el desarrollo de software, creando aplicaciones y programas para cumplir con las necesidades específicas de una empresa o organización.

- Diseño y mantenimiento de sistemas: Los ingenieros de sistemas pueden trabajar en el diseño y mantenimiento de sistemas informáticos y de tecnología de la información, asegurando que estén actualizados y funcionen de manera eficiente.

- Gestión de proyectos: Los ingenieros de sistemas pueden liderar proyectos y trabajar en la gestión de equipos de ingenieros de sistemas y otros profesionales de tecnología de la información.

- Consultoría: Los ingenieros de sistemas pueden trabajar como consultores, brindando asesoramiento a las empresas y organizaciones sobre cómo pueden mejorar sus sistemas informáticos y de tecnología de la información.

- Investigación y desarrollo: Los ingenieros de sistemas pueden trabajar en investigación y desarrollo, explorando nuevas tecnologías y formas de mejorar los sistemas existentes.

En resumen, las oportunidades de carrera para los ingenieros de sistemas incluyen el desarrollo de software, el diseño y mantenimiento de sistemas, la gestión de proyectos, la consultoría y la investigación y desarrollo.

Conclusión

Quiero concluir, este pequeño texto haciendo uso de este recurso literario, … En la sociedad actual, la tecnología de la información es cada vez más importante en casi todos los aspectos de la vida cotidiana y el trabajo. Los ingenieros de sistemas desempeñan un papel crucial en el desarrollo y mantenimiento de estos sistemas, lo que los convierte en una figura clave en la sociedad.

En resumen, los ingenieros de sistemas son profesionales esenciales en la sociedad actual, ya que desempeñan un papel clave en el diseño, desarrollo e implementación de sistemas informáticos y de tecnología de la información que son esenciales para el funcionamiento de muchas empresas y organizaciones.

El Autor
Gustavo Arias
Ingeniero de Sistemas
gustavoarias@outlook.com